AF467017

LE CABINET
ET LA CHAMBRE.

Cercle vicieux! le peuple est méconnu dans le pays, et le pays est répudié par l'Etat, et l'Etat est identifié avec le pouvoir, et le pouvoir est inféodé au démon d'intrigue. (*Page* 17.)

PARIS,
A. PIHAN DE LA FOREST, IMPRIMEUR,
Rue des Noyers, 37.

1835.

Députés du pays,

Délégués du peuple :

Innocens que vous êtes, à l'aide de phrases tournées et retournés, de chiffres groupés et dégroupés, on vous entraîne à manquer au devoir, à mésuser du pouvoir, à violer les droits, à spolier les besoins.

Avant que la parole de droiture et de justesse s'offrît à vos regards, vous étiez innocens.

A présent qu'elle est apparüe, comme il vous est loisible de ne pas fermer l'œil à la lumière, vous n'êtes plus innocens.

Et n'étant plus innocens de science, vous êtes coupables de conscience.

Et ces sueurs de province, ce sang des campagnes, dont le produit net, à grands frais épuré, est déversé dans l'abyme de Paris, est dévoré par le vampire du crédit, vous-mêmes exploitez les sueurs, vous-mêmes aspirez le sang.

Et serviteurs du peuple, gérans du pays, seuls titres qui vous fassent ce que vous êtes, vous passez au métier de valets de bourse, de souteneurs de jeu.

Et le système réprésentatif conquis au plus haut prix, propice qu'il avait à être, vous le faites funeste, attachant qu'il avait à devenir, vous le rendez répugnant.

Et d'abord la république ou l'anarchie, bientôt le despotisme et la tyrannie, vous en êtes non les fauteurs de volonté, mais les auteurs de nécessité.

Et par là même où vous êtes coupables, par là aussi vous serez punis.

Voilà, députés du pays, délégués du peuple.

C'est le vice radical, la plaie organique du système représentatif, autant qu'il semble à l'aspect des faits échus ou échéans, que les députés sont bercés de rêves, leurrés d'espoirs, trahis de parole, au moyen de cette double manœuvre du gouvernement, et d'absorber l'attention sur des vétilles auxquelles le caractère d'actualité prête de la prépondérance, et d'exalter la fierté, d'exciter la terreur, sentimens les plus influens au sein d'un corps, dont les conséquences sont illimitées.

Les causes génératrices d'un tel désastre sont multiples.

Il faut citer en tête, cette sorte d'étourdissement, d'éblouissement dout se sentent atteints les députés à leur entrée en l'atmosphère de Paris, à leur passage du morne milieu où ils s'ébattent de naissance, en ce milieu trouble et variable, où les lance la loi du scrutin.

On doit parler ensuite de ce bourdonnement confus du langage des journaux, dont aucun ne s'accorde avec un autre, dont nul ne s'entend bien lui-même, qui tous omettent de se tenir dans la voie qui mène au but et de préciser la marche à suivre après le succès, qui tous résolus en leurs fins, tentent de tous les moyens et saisissent toutes les occasions, qui tous n'attachant de prix qu'à leur convenance, manquent au devoir de dire ce qu'ils pensent et perdent la puissance de penser ce qu'ils disent.

A travers le chaos de phrases où se noie le néant de pensées, l'homme de sens droit, de cœur droit, d'autant même qu'il recherche le vrai, le juste, faillit à le rencontrer, et arrive à ne plus croire à lui-même, sans parvenir à croire aux autres.

Alors résonne la parole ministérielle, qui de même ne se fait faute d'artifice et de fraude, et qui est débitée avec plus d'emphase, avec plus de tenue, de manière à en imposer aux esprits timides, à fixer les esprits déroutés, à offrir le port de refuge, de repos, au doute fatigant.

On voit comment l'ascendant est ravi, sans qu'il soit besoin de mettre en ligne les mesquines ambitions de petites places, de petites faveurs, de petites politesses en l'honneur de la personne, et les chétives prétentions de quelques chemins ou canaux, de quelques tableaux ou livres à la gloire de l'arrondissement.

Sans doute, en la fable des syrènes, l'ingénieuse antiquité entendait représenter l'entraînement spontané dont est saisie la frêle imagination, par le prestige, la magie des accens de la voix humaine, laquelle advient à l'ouïe comme issue d'inspiration, comme imprégnée de conviction : sinistre effet qui se retrouve en tout temps, en tout lieu, qui, plus que tout autre cause, a causé tant de forfaits, de désastres.

Comme on le juge bien, le pouvoir quelconque ne manque jamais de choisir quelque ministre, à ce précieux titre d'être toujours prêt à dégorger un flux surabondant de paroles, à dessein mal liées et embrouillées à faire perdre l'esprit, qui se sent tout heureux et tout aise de rencontrer telle issue que ce soit, offerte à propos.

Par malheur, la chambre a d'ordinaire la conscience intime de son inexpérience, même à juger les projets et surtout à concevoir des plans : l'excès de défiance en elle-même, lui survient en un degré supérieur, au défaut de confiance dans le cabinet : et la balance déja penchant en ce sens, est tout-à-fait emportée par la répugnance instinctive de prendre à sa charge aucune responsabilité.

Un tel excès de défiance, capable de surmonter le défaut de confiance, à plus forte raison se montre dans l'examen des notions fournies ou des conceptions présentées par les personnes étrangères au gouvernement : car en ce cas, la chambre aurait à se persuader qu'elle est en état de porter un jugement à leur égard, et de plus aurait à surmonter le scrupule de se rendre responsable en prescrivant quelques mesures.

Rationnellement parlant, cette abnégation de ses facultés, cette abstention de leur exercice, est erronée au plus haut degré : attendu que de nécessité, comme il faut prendre un parti de bord ou d'autre, elle est ainsi réduite à en passer par l'opinion du cabinet qui doit très souvent se tromper et doit souvent aussi tromper.

Expérimentalement parlant, l'erreur est bien autrement palpable; car qu'il se soit trompé ou qu'il ait trompé, le cabinet, sauf du temps de Richelieu, n'eut jamais à se glorifier de ses actes, surtout en finances.

C'est, en ne remontant pas plus haut, le long ministère qui, ne prenant souci d'aliéner les cœurs, affecté qu'il était de la monomanie endémique du crédit, d'abord s'imagine de réduire les rentes d'un cinquième, se faisant accroire et faisant croire aux badauds de province, que l'intérêt des transactions personnelles baisserait librement aussitôt que l'intérêt des obligations nationales aurait été forcément abaissé; qui, comme pour prendre sa revanche, invente de transmuter le cinq pour cent en trois pour cent, se faisant accroire et faisant croire à la même espèce, qu'aussitôt que le pair en trois sera fixé à 100 en chiffre nominal, l'argent s'évertuera à pousser le cours effectif au niveau du pair factice.

Ce sont, depuis la révolution, les ministères successifs frappés au même coin à peu près, qui longtemps ne voient de salut pour le pays de la bourse apparemment, que dans la prorogation éternelle du fonds d'amortissement; qui en 1833, revenus quelque peu à raison, en lâchant un tiers en faveur des dépenses publiques et laissant une faible part au service du trois, constituent près de la moitié en manière de trésor; qui à cette heure, avançant d'un pas encore, bien qu'en un faux sens, se ressaisissent du trésor et le consacrent avec les rentrées destinées à l'accroître, au remplacement de l'emprunt décrété par la loi de 1833.

Ainsi il a été fait, défait, refait, toujours les

cabinets proposant à travers la fumée des phrases, et les chambres disposant au gré du poids des boules; sans que les uns ni les autres, par manque de mémoire apparemment, se doutent encore d'avoir tant erré dans un interminable dédale de bévues.

Les députés n'osant se confier à leur propre jugement, afin de prononcer un arrêt tel quel, sont contraints de se fier au jugement de quelque autre personne : mais d'où vient que par paresse ou par routine, le jugement qu'ils ont à porter, est-il aliéné au préalable et tenu à l'ordre du cabinet, de sorte à ce qu'il le souffle à sa volonté, à sa convenance.

Là gît l'erreur capitale : car enfin, il y a un autre monde presque occulte, entre ces deux mondes de grand apparat, l'un contenant le soleil du château et les planètes du cabinet et les satellites du gouvernement, l'autre manifestant à l'apogée de la puissance, les membres de la chambre et recélant sous les brumes de l'horizon, les membres des colléges.

Or, cet autre monde n'est pas sans intelligence, certes sans science, peut-être, sans conscience surtout; même il n'est pas sans rapport avec la société, sans droit parmi la société : ce semble, son intervention viendrait à propos, et jeter quelque lumière, prêter quelque force au pouvoir qui n'ose voir, qui n'ose vouloir, et porter lumière aussi, opposer barrière au pouvoir qui n'essaie de voir, qui n'hésite à vouloir.

Son influence suprême dénommée alors du titre

de l'opinion, s'exerçait au déclin de la monarchie pure et à l'aurore de la révolution; forte et calme en ce qu'elle représentait l'esprit unanime du siècle, juste et sage, en ce qu'elle exprimait l'idée commune, la pensée résumée et réduite.

La tribune parlait déja, la presse agissait déja, mais non sans aller prendre le mot d'ordre sur les autels sacrés de l'opinion générale : au lieu qu'à présent les portes du temple se sont closes, et l'oracle manquant à être écouté, cesse de parler.

C'est ainsi qu'il ne se rencontre plus dans les lois, qu'anomalie, qu'anarchie, qui leur retirent et puissance et durée; et parmi les peuples qu'inertie, qu'apathie, qui les tiennent à la merci du hasard, de l'occasion.

Il y a une représentation de bulletins, puis une législation de boules; mais ni les intérêts, les besoins, les vœux n'ont une représentation à eux, et ni les opinions, les volontés n'ont une législation à elles.

Or qui peut croire, toute influence étant repoussée, toute vanité étant expulsée, toute routine étant méprisée, qu'un ordre de choses fondé sur les espérances, cimenté par les promesses, aussitôt qu'un certain laps de temps aura manifesté le néant des unes et des autres, doive prolonger sa morne existence, au-delà du terme, où quelque occurrence viendra présenter à mettre en sa place, quoi que ce soit.

Eh! la chambre aurait plutôt à guetter, à mendier l'aide de l'opinion, à y rechercher à la fois un fanal qui la dirige, un appui qui la soutienne; elle aurait à se libérer de l'influence arbitraire du cabinet, en obtenant la lumière qui l'éclairerait sur ses fraudes, ses artifices, en acquérant la puissance qui lui adviendrait pour s'opposer à ses manœuvres.

Les deux principes fautifs qui l'entraînent de mal en pire, la défiance d'elle-même et la confiance au pouvoir seraient au moins atténuées par l'action d'une telle lumière, d'une telle puissance, intervenant, s'entremettant entre l'une et l'autre, de façon à soutenir la faiblesse, à réprimer l'audace.

Abandonné au libre arbitre absolu, on s'imagine être libre parce qu'il ne survient nulle volonté d'hommes à pousser en un sens ou repousser dans l'autre : on ne s'aperçoit pas être asservi en ce qu'il n'y a moyen par ses forces personnelles, de résister à l'action et réaction des choses, devant quoi il faut ou plier ou rompre.

Le devoir, le besoin unis en ce point commandent non seulement d'accueillir, mais encore d'invoquer la manifestation des pensées, la communication des données, dont la concordance porterait les signes de la vérité, dont la divergence détournerait du moins des sentiers de l'erreur.

Sous ce rapport il a été tenté un essai, lequel en raison même de son impropriété, de son inefficacité, donne la preuve palpable qu'un certain instinct amène à sentir, comment à soi même, à soi seul, on est inepte, inhabile à juger de ce qui est juste et utile, à persuader au public ce qui est juste et utile.

Il s'agit de ces enquêtes fastueuses sur les droits de douane, où les intérêts ont été mis en action, avec l'avantage de se faire donner des notions positives, où les opinions ont été tenues à l'écart, non sans l'inconvénient de se laisser éblouir par de fausses lueurs.

L'exemple de l'Angleterre est là.

« Dans ce pays, les chambres ne se considèrent elles-mêmes qu'à titre d'organes, quant à l'intérêt général, qu'à titre d'arbitres entre les intérêts privés.

« Et pour se rendre organes, il leur faut écouter, entendre l'opinion publique, expression animée de l'intérêt général, dont la presse, semblable à un miroir ardent, est appelée à concentrer, à réfléchir les rayons.

« Et pour se porter arbitres, il leur faut consulter, balancer les vœux et les besoins divers exposés au nom des intérêts privés, auxquels l'esprit d'association prête un corps, souffle une voix.

« Car entre l'individu et la société, se rencontrent les seules existences palpables, les seules influences appréciables, les aggrégations d'intérêts analogues.

« Au moyen de leur institution, il n'existe plus un seul être dont la parole ne soit pesée et la voix comptée, dont l'intérêt et le droit ne soient mis en valeur, érigés en puissance, par leur alliance, leur fusion, avec tous les intérêts homogènes, avec tous les droits identiques.

«La société ne renaîtra, ne revivra qu'autant que

le pouvoir viendra à rechercher, à protéger, à favoriser l'intérêt général, et à stimuler la formation de l'opinion publique, traduction sensible de cet intérêt. » (*Du Projet de loi sur la Presse*, 1827.)

C'est surtout au sujet de l'amortissement, que la chambre s'est laissé tromper par le cabinet, qui tour à tour, ou la berce d'espoirs, ou la frappe de craintes, et en est venue à consommer l'abdication de ses puissances intellectuelles, l'abnégation de ses vœux, de ses devoirs.

De tout temps, l'amortissement et la réduction, l'un en vigueur et l'autre en projet, ont été liés ensemble, afin de se soutenir mutuellement.

Tantôt, et il y a onze ans, il était parlé aux émigrés, de l'indemnité qui pouvait être opérée par d'autres voies, qui ne devait pas être opérée en une telle façon, et aux provinciaux, de la baisse de l'intérêt qui ne ressort que de l'abondance des capitaux, de l'intensité des garanties.

Tantôt, et c'est depuis cinq ans, il est offert un tableau chargé au point le plus extrême et tracé avec les plus fausses couleurs, du montant de la dette publique, qu'au moyen de la confusion de choses tout-à-fait étrangères, on a trouvé le secret de présenter au quart, au tiers du revenu national (1).

---

(1) *Discours du rapporteur du budget des dépenses en* 1832.

« Les dettes de tout genre, dette fondée ou flottante, ou viagère, montent à 345 millions.....

« 345 millions s'appliquent à des dettes sur lesquelles il ne nous est pas permis d'élever de discussion.....

Sur ce dernier point, la vérité est, suivant le rapport du budget des finances, que la dette inscrite seule à considérer ici, s'élève à 190 millions; dont il faut déduire 20 millions de rentes rachetées, 40 millions de rentes immobilisées, 40 millions en trois et quatre pour cent, au total 100 millions.

D'où, la charge annuelle, où les rentes rachetées ne sont comprises que fictivement, ne monte qu'à 170 millions, c'est-à-dire au-dessous du cinquième du revenu net; d'où encore la portion de la dette susceptible de réduction ne monte qu'à 90 millions, et par conséquent ne promet qu'un bénéfice de 18 millions.

Certes, pour un prix si minime, après l'échec terrible de 1824, sous l'ordre de choses le plus fragile, quoi qu'il en soit dit à la tribune, jamais on n'osera proposer un plan de réduction si révoltant pour les habitans de Paris, dont l'habitude est prise depuis un demi-siècle, de disposer à leur bon plaisir des destinées de la France; au sujet desquels, en des

---

« Il faut le répéter, sur les 955 millions, 345 millions doivent être retranchés comme dettes.....

« Le service de notre dette fondée est de 258 millions.....

« Notre dette fondée s'élève à 258 millions, c'est-à-dire à plus du quart de notre revenu.....

« Nous disons que l'Etat a déja le quart de son revenu absorbé par le service de sa dette fondée.....

« En ajoutant la dette flottante et viagère, on a la somme de 288 millions, qui fait le tiers de notre revenu.....

« Une nation n'a jamais atteint sans catastrophe le terme où la moitié de son revenu est absorbée par la dette.....»

temps plus calmes le chancellier d'Aguesseau disait : *Qu'on se garde de toucher au pot-au-feu des Parisiens !*

Cependant, sous un tel prétexte mis en œuvre avec artifice, on est parvenu, d'année en année, à faire proroger le maintien du fonds d'amortissement, d'abord à 96 millions, maintenant à 64 millions ; cette dernière somme représentant à peu près le produit net de la taxe du sel au-dessus du taux de cinq francs par quintal, et des impôts personnel, mobilier, locatif, élevés de 22 millions depuis la révolution.

Comme aussi, dans la crainte apparemment qu'une telle aberration n'eût pu soutenir la discussion loyale et sérieuse, on s'est arrangé à faire mettre à l'ordre du jour, en dépit de l'usage et du bon sens, avant les budgets de la marine et du commerce, le budget des finances ; lequel en tant qu'il résume les dépenses générales, ne devait venir qu'après le vote des dépenses de chaque ministère.

Et les députés étant harassés d'une session à la fois si longue et si vide, ennuyés du rôle variable qu'ils ont joué, désapointés du passé et par suite de l'avenir, tout passe presque sans débat à la tribune, et sans débat aussi parmi la presse.

Maintenant que c'est consommé, et sauf à faire agréer les plus humbles excuses à qui de droit, qu'est-ce donc qu'on a voté en apparence et en réalité, dans la pensée et dans la pratique ? Points différens, contrastans en un tel cas.

En 1833, le vote se bornait à l'échange de 44

millions dévolus aux rachats, contre des bons du trésor.

En 1835, le vote se limite ce semble, au transport de 44 millions de la dette flottante en la dette consolidée, à la décharge de celle-là, à la charge de celle-ci.

En imagination, ce ne sont que des chiffres se promenant de main en main, appartenant à l'être de l'État, la première main recevant les écus, la seconde main délivrant des bons, la troisième main remettant des rentes.

On ne voit pas qu'en ce voyage de longue haleine, le chiffre d'écus ne manque pas à payer de gîte en gîte pour sa bienvenue, et de laisser quelque poussière d'argent sur chaque comptoir successif: seul motif rationnel qu'il y ait, pour tenir à l'opépération si arduement.

On ne voit pas que ce chiffre d'écus arrondi en un bloc de 44 millions, se compose par le lent et pénible mode d'aggrégation, des rognures, des *limures* débitées en patards, en deniers, en centimes, par le travail méticuleux des gens du fisc, et que ces molécules d'argent presque à l'état fluide, se sont exhalés par les pores de la transpiration laborieuse, ont été recueillis goutte à goutte, dans le travail des sueurs épuisantes.

Le vote mi-bénin, dit en somme que 40 millions, auxquels il faut adjoindre les 20 millions voués à la hausse du trois, et dont y compris ceux-ci, il faut porter la charge brute à 80 millions environ, ont à être levés ou prélevés, sous la forme et par la voie des impôts les plus onéreux, les plus odieux, les plus hideux, au gré de quiconque; attendu qu'en l'absence de cet emploi des fonds, lesdits impôts auraient été abolis, par assentiment unanime.

Le vote, tournant au malin, dit par le menu ainsi qu'il a été entendu en écoutant les orateurs, que ce sacrifice annuel de 80 millions est indispensable afin de parvenir à la bienheureuse réduction de la dette, laquelle peut seule, dit-on, d'abord équilibrer le budget de l'Etat, puis amener le dégrèvement du peuple.

« Courage, nos bons amis, il n'y a que dix ou douze ans encore, pure misère, pour ceux qui sont morts ou ne sont pas nés, que la rente étant au pair, le pauvre pays est condamné aux travaux forcés, à l'effet de fournir ces 80 millions plus ou moins, au banquet joyeux des parasites de l'amortissement.

« Courage, nos bons amis, certes avant dix ou douze ans, pure misère aux mêmes titres, le gros lot vous adviendra, qu'au moyen de la réduction, il sera remis 18 millions, au pauvre peuple, les survivans touchant pour les morts en façon de tontine. »

Voilà ce qui a passé en loi, tant est large et souple le gosier de l'urne aux boules.

Voilà ce ce qui a passé, nonobstant les paroles évasives et partant loyales du ministre des finances qui attache la gloire de son nom à l'œuvre de la réduction, et plus inquiet de la compromettre, qu'impatient de la conquérir, ne garantit rien qu'alors que le destin aura tout garanti, et ne promet, lui ministre, que ce que promettra, lui destin : tout ainsi du reste qu'il est dit et redit depuis la malencontreuse année 1834. . . . .

Voilà ce qui a passé, nonobstant l'effet frigorifiant et terrifiant de maints orateurs, grecs ou romains de nouvel acabit, qui se sont barbouillé en leur cerveau une image telle quelle de la patrie, et se prosternent devant l'image vaine, et immolent en sacrifice à l'image morne, la vraie patrie, en ses membres de chair et d'os. . . . .

Lesquels orateurs, raisonnant ou déraisonnant, à l'unisson, ont proclamé comme quoi la réduction frapperait presque uniquement sur Paris, et comme quoi Paris n'étant qu'une portion du royaume, la partie ne doit pas l'emporter sur le tout, et comme quoi leur parle en ce sens le devoir de bons et loyaux députés de province; le tout en discours peu coûteux de façon, étant pris à la calque sur ceux de 1824, qui aboutirent à décider, d'abord une crise économique, bientôt une crise politique.

Va pour le devoir ! c'est égal que Paris aille s'imprégner de haine, ni plus ni moins que naguère; c'est égal que Paris voie partir vingt ou trente mille habitans; c'est égal que 60 mille familles soient spoliées du cinquième de leur revenu; c'est égal que les anciens rentiers perdent en outre des deux tiers, un cinquième du tiers restant. . . . . . .

Va pour le devoir! c'est égal que le peuple, le pauvre peuple reste obéré des taxes les plus iniques; c'est égal qu'il soit de plus en plus irrité contre le pouvoir et désapointé du système; c'est égal que

4 millions de familles au point de l'indigence, aient à payer 20 francs par an; c'est égal que d'autant moins les gens recueillent, d'autant plus ils sont dîmés.

Eh! bon Dieu, c'était chose si simple, faisant d'une pierre trois coups, 1° de libérer le peuple de 80 millions de charges brutes, 2° de garantir Paris d'une perte de 15 millions, 3° d'assommer sur la place le Minautore de l'agiotage, et délivrer ainsi la seconde Athènes d'un tribut annuel du plus pur de son sang.

Morale et justice, sagesse et prudence, n'ont qu'une voix qui n'est point entendue.

En quoi se manifeste encore et toujours, ce cercle vicieux, que le peuple est méconnu dans le pays, que le pays est répudié par l'Etat, que l'Etat est identifié avec le pouvoir, enfin que le pouvoir est inféodé au démon d'intrigue.

Ainsi, et sans discussion sérieuse, sans délibération formelle, et comme par tacite reconduction, a été prorogé pour deux ans et plus, le prix de bail imposé au pays et accordé à l'Etat, à l'effet, consciencieusement parlant, que celui-ci remplissant l'office d'agent ou de gérant, en dispense l'emploi au service de celui-là son commettant.

Ainsi, d'après le vote, autant que la rigide logique s'ingère à déduire les conséquences du principe établi, bien que les fauteurs du vote, les joueurs à la boule fussent au plus loin de le savoir ou de le vouloir, il résulte qu'afin de s'épargner un mi-emprunt de 25 millions, à l'intérêt de 5 millions, la condition *sine quâ non* est et sera que 44 millions nets ou 56 millions bruts soient levés, en la façon la plus pénible à l'être humain, la plus nuisible à la chose publique.

Et le débat n'a présenté qu'une scène de propos interrompus, où il a été jeté à l'envi des mots sans nombre, vifs et légers, n'étant chargés d'aucun sens.

Et justement, comme il s'agissait de l'amortissement, nul n'a parlé de l'amortissement, sauf un seul orateur auquel le ministre a répliqué bref.

« Pour tout homme de jugement et de droiture, la question qui nous occupe est bien simple.....

« Le pays dont on parle est obligé d'affecter plus de la moitié de son revenu, au paiement de sa dette: s'il a renoncé à l'amortissement, ce n'est pas par système ; c'est faute de moyens d'y suffire. Qu'on cesse donc d'invoquer cet exemple. »

Or, tout homme ainsi qualifié, ne trouve pas que la question soit si simple , et se hâte de répondre, toute révérence gardée, à l'oracle qui affirme et ne démontre pas :

En premier lieu, si la dette est trop forte, *in petto* du moins , il n'y a d'alternative que de se résoudre à racheter à grands frais ou de se résigner à subir la faillite avant peu : et certes, en l'*in petto* de la bourse britannique et européenne, il apparaît au cours du trois, qu'une telle résignation n'est pas venue encore à l'ordre du jour.

En second lieu, quant à l'autre parole de l'oracle, *c'est faute de moyens d'y suffire*, si par chance elle n'était pas admise à l'aveugle, il serait fort embarrassant d'avoir à présenter pour seules preuves de l'impuissance, que depuis 1815, il a été aboli en Angleterre, d'abord l'*income tax* de 15 millions sterling, puis d'autres impôts pour une somme semblable, dont le total s'élevait au pair de l'intérêt de la dette.

Tellement que tout homme ainsi qualifié, après avoir passé au creuset et soumis à un fort coup de feu, les débats relatifs au fonds d'amortissement, se mettant à examiner le résidu gissant au fond du vase scrutateur, ne rencontre que le *caput mortuum*, dont l'analyse expose à la lumière l'alliage de deux élémens assez analogues;

Savoir, oubli, dédain, mépris, à un degré superlatif, de l'homme en corps et en ame, de l'homme né d'en haut et régnant ici-bas, de l'homme pareil, identique de nature : si bien que, ni sentiment, ni même pensée n'éclosent à l'effet de répartir la charge et dispenser les profits en quelque équitable proportion;

Savoir encore, amour des espèces, soif de fortune, rage de lucre, sorte de démon inoculé au siècle, qui fait de la race humaine, son champ, de la force humaine, son outil, de la sueur humaine, son engrais : si bien qu'innocemment, qu'ingénument, les possédés n'entendent qu'à forcer le feu de plus en plus au foyer ardent de la bourse, qui fait office de restaurant pour leurs insatiables appétits.

De ces deux motifs dirimans, tout suit.

Aussi Dieu garde de s'étonner que le rapport sur les recettes ait tardé de six mois, avant d'être offert par les officians de la bourse à l'adoration des fidèles de la chambre ; et que ce rapport non débité à la tribune, manque encore au bout de quatre jours à être distribué ou publié par le *Moniteur*, et qu'il n'apparaîtra à l'œil ébloui de sa lumière soudaine, que deux ou trois jours avant l'ouverture, autrement la clôture des débats :

A quoi bon plus tôt? A quoi bon jamais?

Où est-il le niais qui s'imagine encore au recoin le plus fêlé de son cerveau, que les députés du pays, les délégués du peuple, les mandataires ou procurateurs (*procuradores*) de la France, aient rien à démêler dans la matière scabreuse de l'impôt, et aient à en voter la somme, la forme autrement que du bonnet, et aient à scruter si, par grand hasard, car le sort seul en a pris soin, il est réparti dans la raison du juste, en rapport avec l'utile, quant au point du possible?

Qu'on voie plutôt depuis vingt ans que la chambre est vraiment installée à dû titre, vraiment investie du pouvoir, vraiment astreinte au devoir, si consciencieuse qu'elle fût, disait-elle, en ces temps où la religion siégeait sous le regard contrit, jaillissait de l'humble bouche; et si libérale qu'elle est, dit-elle, en ces jours où l'amour de la patrie tourne à l'idolâtrie, où le culte de l'humanité a tant de néophytes, aurait au besoin des martyrs peut-être?

Qu'on voie si la chambre tour à tour vouée à Dieu et dévouée à l'homme s'est laissé venir à l'idée, qu'il lui fut prescrit, de rechercher si aucun ne payait plus qu'il ne pouvait et donc ne devait, si chacun payait autant qu'il pouvait et donc devait.

Ainsi va, ou plutôt s'en va le monde, comme il est attesté par tant de révolutions alternantes, le monde de France c'est-à-dire, car à la honte éternelle et de ce royalisme dit religieux, et de ce libéralisme dit humain, l'Angleterre allège ou abolit les impôts, surtout la taxe du sel, et la Suisse tout-à-fait libre, l'état de Bade à demi-libre réduit de moitié cette taxe, et Naples pas du tout libre diminue aussi cette taxe, et l'Allemagne, la Belgique la supportent à des taux modérés.

L'Europe est en avance, en progrès, et la France en arrière, en recul : les régions de ténèbres jettent des éclats de vive lumière, et la contrée des clartés s'enfouit sous la noirceur des ombres.

Ici où l'esprit humain est monté au zénith de l'apogée, l'ame humaine se racornit jusqu'à l'ultimatum de zéro : et là où l'esprit moins preste, ne fait route que pas à pas, l'ame s'épanouit de jour en jour.

Or, les députés viennent-ils à entendre, sont-ils à se repentir, ont-ils à se corriger, voici :

« Les députés sont souverains en matière de contributions ; il n'est pas une charge fiscale qu'ils ne puissent abolir chaque année par un *assis et levé.* » (*M. Charles Dupin*, 1832.)

Voici encore :

« A mes yeux la partie la plus élevée de notre

mission est d'améliorer l'existence des familles vouées au travail. » (*M. Humann*, 1832.)

Les députés veulent-ils user cette fois au plus juste titre, de la toute-puissance de l'assis et levé? Veulent-ils ramener le ministère à la mission la plus élevée, à ses yeux, en sa conscience.

Il suffit d'un amendement extrême quant à l'ordre textuel des articles, et suprême quant à l'ordre mural des choses, lequel, sans le prendre à contre-sens, au contraire remet en son droit sens, le bout de loi induement tracé et voté en tête du budget des finances.....

1° Fin mars 1836, il sera négocié un emprunt de somme égale à la différence, entre les fonds jusqu'alors gardés en réserve, et le montant de l'emprunt décrété en 1833.

2° Le produit de cet emprunt sera appliqué à remplacer les fonds restant à rentrer, de fin mars 1836 à fin mars 1838.

3° A dater de mars 1836, la taxe du sel sera réduite à cinq francs par quintal métrique, auquel taux le déficit résultant sera couvert par 44 millions à prendre sur l'emprunt.

4° Le budget de 1837 présentera l'allègement des impôts personnel, mobilier, locatif, jusqu'à concurrence de 22 millions ajoutés depuis 1830 : le déficit étant compensé par l'abandon d'Alger, ou quelque épargne, quelque subside.

5° A l'ouverture de la nouvelle session, ou même dès à présent, il sera institué une commission gratuite de pairs, députés, conseillers d'état et préfets, laquelle aura charge de recueillir les notions et apprécier les opinions et mûrir ses réflexions au sujet d'un remaniement général de l'impôt.

Faites ainsi, députés : et justice sera rendue au peuple, et richesse sera accrue dans le pays, et paix rentrera dans la conscience, et respect accompagnera dans la retraite.

Un dernier regard sur l'exposé des motifs doit mettre en repos les consciences et même les condescendances législatives.

« il demeurera toutefois bien établi que cette mesure, purement facultative, sera subordonnée aux circonstances; que l'autorisation d'adjuger un emprunt subsiste et qu'il en sera fait usage si la situation de nos finances venait à l'exiger. » (*Moniteur*.)

Seulement, l'idée suggérée en cet écrit poussant plus loin et perçant plus avant que la pensée à peine ébauchée du ministre, tient pour constant que la situation des charges du peuple est à considérer autant et plus que la situation des caisses du trésor.

Et un nouveau regard vient apporter la preuve qu'en dernière analyse, cette idée se borne à devancer les plans contingens du ministre, à déduire les conséquences du principe posé par lui.

Le fonds de réserve, ou pour mieux dire le fonds d'attente, gissant depuis 1833, sous la forme de bons du trésor, et promu en 1835 au mode d'échange contre des rentes, n'eut jamais, encore en imagination, que l'une ou l'autre de ces trois fins :

Ou venir en à-compte de l'emprunt, ou soutenir le cinq pour cent au besoin, ou offrir aide au remboursement.

Or, à l'égard du dernier point, il ne se rencontre pas un seul mot dans l'exposé qui donne à croire que cette mesure soit conçue par le ministre, lequel est doué d'un trop grand sens, pour se reposer sur un aide de 44 millions par an, à l'effet d'effectuer le paiement de 1,800 millions.

Au sujet du second point, l'exposé des motifs sabre net cette invention saugrenue, de relever avec une force de 44 millions, un effet public déprimé par le poids des crises politiques.

« Une forte dépréciation des effets publics n'a lieu qu'à la suite de complications politiques ou financières, et alors l'obligation de rembourser une réserve s'élevant déja à 80 millions et s'accroissant de jour en jour, deviendrait un embarras. Et à quoi bon ce doublement d'amortissement? Si la dépression du crédit tient à des causes passagères, il n'en est pas besoin : la loi de 1833 suffirait, et le double rachat durerait assez pour relever le cours. Dans le cas contraire, où des événemens d'une influence durable viendraient altérer la valeur de nos effets, le double amortissement n'y remédierait pas. »

Enfin quant au dernier point, le débat semble être coulé à fond ces lignes.

De là, le fonds de réserve cesse d'être un fonds d'attente, sinon dans la conception présente, du moins dans la future conviction du ministre, aussitôt après l'accomplissement de la mesure proposée par lui, c'est-à-dire à la fin de mars 1838.

Pour lors, le ministre est réduit, est contraint, sauf à varier encore en ses desseins, en ses discours, à restituer, en l'absence de tout emploi, le montant dudit fonds, en décharge des taxes les plus onéreuses, au peuple, lui rendant ainsi la vie, au pays, lui laissant ainsi des valeurs.

Et donc ici, vis-à-vis du ministre, il n'est fait autre chose que d'anticiper sur ses plans obligés, d'avancer de deux ans leur mise en vigueur, et s'il se peut dire, d'accoucher de force son cerveau, avant l'échéance trop reculée de l'embryon d'idée déja conçu en secret.

Il n'est fait autre chose, envers le peuple, le pays, que de les mettre en possession *hic et nunc*, de l'acte de justice ou de grâce, comme il plaira de l'entendre, lequel leur est acquis dès à présent en nue-propriété, avec jouissance en date de 1838.

Il n'est fait autre chose à l'égard du pouvoir, que de lui conquérir, à l'encontre de ses bévues, en ce jour même où il existe encore et avant ces temps où il n'existera plus, quelque sentiment mi-partie de gratitude, de confiance, et peut-être d'attachement, de respect.

Le tout qui serait obtenu au prix coûtant, *au prix de revient* comme il est dit en l'argot du siècle, au prix net et quitte d'une annuité de 5 millions pour le service de l'intérêt d'un emprunt de 125 millions à 4 p. o/o.

A vous donc députés, délégués! à vous sauf qu'il ne vous manque *in pleno*, ou le sens pour comprendre, ou le cœur pour entreprendre.

A. PIHAN DE LA FOREST,
Imprimeur, rue des Noyers, n° 37

LE CABINET ET LA CHAMBRE.

SUITE.

Justement le jour de la Pentecôte, et ce n'est pas que l'Esprit-Saint vienne à descendre sur les serviteurs du ciel, c'est bien au contraire que le malin démon vient à se saisir des maîtres de la terre, voilà que six grands jours après le débit tel quel à la tribune, et quatre jours avant l'ouverture des débats, apparaît enfin dans le *Moniteur*, le rapport sur le budget des recettes; lequel peut-être, car il faut tout dire, avait été distribué la veille aux membres de la chambre, sorte de publication à huis-clos.

Trop tard en un sens, devant inoculer la lumière et invoquer la critique : trop tôt en un autre sens, ne pouvant qu'affliger les cœurs, qu'effrayer les esprits.

Qu'est-ce à dire? L'écrit récent ou plutôt futur,

car il est encore sous presse, le *Cabinet et la Chambre*, ne renferme donc que des solécismes représentatifs à faire ardre l'auteur, nouveau *Jean Hus*, sur un bûcher de fagots, que des barbarismes constitutionnels à lui faire subir en écolier de septième, la rude et dure férule des jésuites de nouvel habit.

Sa plume, pour qui rien n'est sacré, ni le dogme, ni la langue, se peut-il qu'on l'entende sans que les cheveux se dressent et se hérissent sur le front, sauf des tondus et des pelés, ne s'est-elle pas aventurée à la fin de cet écrit, jusqu'à commander à titre de devoir et supplier à titre de besoin, que la chambre insérât à la queue du budget, un certain amendement en cinq petits articles.

Encore sa parole n'avait pas résonné, à moins que les craquemens de la lourde presse en bois de chêne n'eussent fait pressentir à l'esprit des écouteurs aux portes, quelles pensées, quels sentimens avaient à s'exhaler d'un cœur droit, d'une tête saine, que d'avance par l'organe de quelque autre presse plus preste à l'œuvre, il lui était répondu victorieusement, triomphamment.

Voici comment s'exprime l'oracle, pendant six longs mois mitonné dans le giron paternel des commissaires du budget, et accouché par-devant les membres de la chambre quelque peu après terme.

« Le vote annuel de l'impôt est prescrit par la charte : mais la charte en l'établissant n'a pas supposé qu'il y aurait nécessité de remanier l'impôt chaque année; elle a eu principalement en vue de fonder une garantie pour la liberté en faisant au gouvernement une nécessité de la convocation annuelle des chambres. » *(Rapport.)*

Or deux mots sont-ils permis, sinon en façon de défense, du moins en manière d'excuse, à l'écrivain vraiment innocent, au for intérieur, d'avoir entendu l'immuable charte, comme elle était entendue d'avis unanime, de temps immémorial, et non pas comme elle est entendue en ce jour, unique encore dans nos annales constitutionnelles.

Voilà donc que le prééminent, le transcendant rapport suppose que la charte n'a pas supposé qu'il y aurait nécessité de remanier l'impôt chaque année, et en déduit, ce qu'au moins la charte n'en a pas déduit, qu'il n'y a pas nécessité de remanier l'impôt chaque demi-siècle; car selon ses propres expressions qui ne sont ni super-élégantes ni ultra-éloquentes : *nous vivons* encore des impôts établis par la révolution et par l'empire.

Voilà donc que le rapport garantit que la charte a eu surtout en vue de fonder une garantie pour la liberté, et en induit, bien qu'à mots couverts, ce que certes nul autre n'en eût induit, qu'à peine ou point du tout elle a eu aussi en vue de fonder une garantie, pour l'équité, pour l'humanité.

Et collatéralement à ces étranges dires, il est érigé, infligé en théorême formel, que le remaniement de l'impôt ne peut avoir lieu que de loin en loin; d'où le plus subtilement du monde, est tiré ou soutiré ce corollaire tacite, qu'il ne peut ni ne doit avoir lieu qu'à l'échéance du second ou troisième jubilé des juifs, à cinquante années d'intervalle;

cela sautant aux yeux qu'un siècle au moins est requis, puisqu'il ne suffit pas d'un demi-siècle, pour équivaloir à l'expression sacramentelle, *de loin en loin*.

Et à la queue du théorême jusqu'alors inconnu en France et de plus en plus méconnu en Europe, là où il n'est songé qu'à améliorer le système fiscal, surgit de source blasphématoire, faut-il le dire, au principe représentatif, de source attentatoire à toutes les révolutions qui sont criminelles sauf qu'elles soient utiles au peuple, cet axiôme, qu'il y a à détacher par ces causes de réprobation, des lignes constitutionnelles et rationnelles de cet écrit.

« Au gouvernement appartient l'initiative des réformes qui peuvent être utiles; non pas que nous n'ayions le même droit que lui, mais parce que nous sommes moins bien placés pour l'exercer. »

Ici, il apparaît encore une hérésie représentative, attendu que suivant la charte, au moins celle de 1814, car de celle de 1830, il ne reste guère mémoire, le gouvernement du roi ainsi qu'il était dit en ces temps de servitude et de servilité, comprenait les trois pouvoirs, couronne, chambre haute, chambre élue, et ne s'appliquait pas au cabinet seul, fût-il ou ne fût-il pas présidé par le chef de l'Etat.

« Non pas que nous n'ayions le même droit que lui », est-il dit dans le rapport, lequel entend sans doute accorder ainsi une fiche de consolation à cette pauvre chambre, traitée en la façon du

Daïro du Japon, lequel a tout droit en théorie et n'a nul droit en pratique.

« Mais nous sommes moins bien placés pour l'exercer, » ajoute aussitôt le rapport, frissonnant d'effroi, ce semble, que dans l'intervalle de l'une et l'autre phrase, pour peu qu'il s'y rencontrât autre chose qu'une virgule, la pauvre chambre jusqu'à lors tenue en l'état de paralysie, ne se sentît ranimée, ravivée pour un clin d'œil, et ne songeât à mettre en pratique le droit astreint à demeurer en théorie.

Or donc, vivons encore des impôts vermoulus par le temps, ne remanions l'impôt que de siècle en siècle; ou plutôt attendons que la nécessité en soit universellement sentie; ajournons jusqu'à ce que le gouvernement se trouve placé dans des circonstances favorables; surtout, par-dessus tout, et que ceci soit consacré, demeure sacré au plus vif des ames, au plus creux des têtes, laissons l'initiative des réformes au gouvernement.

Après quoi, le rapport à omis de s'écrier hautement ainsi qu'il est manifestement sous-entendu,

> Allons-nous-en, gens de la noce,
> Allons-nous-en chacun chez nous.

Car, toute plaisanterie à part, abnégation du droit, abdication du pouvoir, sont des actes identiques.

Et les membres de la chambre n'ont pas à abdiquer pour la chambre, éternelle qu'elle est, n'ont à abdiquer que pour eux membres, éphémères qu'ils sont.

Et la tâche rebutée par les députés du jour qui fuit, incombe aux députés du jour qui suit.

Et le trône législatif, tout de même que le trône exécutif, ne peut rester vacant, sauf par suite à ce que la société devienne vacante aussi.

Viennent les colléges expédier d'autres élus; viennent les autres élus constituer une vraie chambre; vienne la vraie chambre entreprendre le remaniement de l'impôt, à peu près comme il a été dit dans le résumé *du Cabinet et de la chambre.*

Ainsi que cela est fondé sur les paroles sans cesse redites, jamais écoutées, et d'un illustre écrivain, et d'un modique ou modeste auteur, lesquelles embrassent ces deux points, qui sont tout, qui ne font qu'un, le droit, le devoir.

« Les députés et les électeurs veulent au nom du peuple. Les électeurs sont sa pensée pour les choix; les députés sont sa pensée, pour les lois. » (*M. de Pastoret, an V.*)

« Qu'importent les lois politiques à qui n'exerce pas de droits, les lois civiles à qui ne possède pas de biens, les lois pénales à qui ne commet pas de délits?

« Pour le peuple, il n'y a qu'une loi, la loi de l'impot. » (*le Pouvoir et le droit*, 1832.)

Après de telles paroles qui coupent court à tout débat, ceci seulement reste à dire, qu'en même temps que la chambre est ainsi faite l'humble servante de l'autorité, elle est aussi faite la hautaine maîtresse de l'opinion.

Qu'on lise à la page 23 du rapport, comment la rétribution universitaire y est entendue, comment la condescendance du cabinet est blâmée en phrases et prohibée par décret, comment en place du recteur, le préfet est autorisé à prononcer entre les maîtres de pension et les agens du fisc.

Et cela, parce qu'il a paru qu'on était même allé, dans les instructions, au-delà de ce que permet la prudence sous le rapport des intérêts du fisc; et cela, parce que rien ne serait plus contraire qu'un tel procédé aux règles suivies en matière de contribution. (*Rapport*, p. 23.)

Comme si, grand Dieu! l'intérêt minime du fisc de 50 ou 100 mille francs peut-être, était de poids à motiver l'inquisition dans les familles de pension, à motiver le dénombrement par tête des enfans de la famille : ainsi soufflant le soupçon des fraudes de leurs maîtres, à ces élèves prêts à entrer comme membres en la société; ainsi suscitant chez les maîtres, la haine, et chez les élèves, le mépris contre l'ordre quelconque dont émane cette mesure.

Comme si, mille piques au-dessus des règles suivies en matière de contribution, ne dominaient pas, ne commandaient pas les règles prescrites en matière de civilisation; comme si, sous un régime où, dit-on, la liberté siége à poste fixe, où, dit-on, la moralité reprend le sceptre parmi les hommes mûrs, les leçons de liberté et de moralité ne devaient pas être inculquées par l'exemple, aux jeunes gens.

Aberration d'idées! aliénation de sens! vraiment de sorte à requérir la question préalable sur le rapport entier des recettes, échappé des mêmes têtes.

PARIS, de l'imp. D'A. PIHAN DE LA FOREST, rue des Noyers, n. 37.

www.ingramcontent.com/pod-product-compliance
Ingram Content Group UK Ltd.
Pitfield, Milton Keynes, MK11 3LW, UK
UKHW020437220726
13923UKWH00005B/2189